Richard Adelbert Lipsius

Die Hauptpunkte der christlichen Glaubenslehre

Richard Adelbert Lipsius

Die Hauptpunkte der christlichen Glaubenslehre

ISBN/EAN: 9783743315877

Hergestellt in Europa, USA, Kanada, Australien, Japan

Cover: Foto ©Lupo / pixelio.de

Manufactured and distributed by brebook publishing software (www.brebook.com)

Richard Adelbert Lipsius

Die Hauptpunkte der christlichen Glaubenslehre

Die Hauptpunkte

der

christlichen Glaubenslehre

im Umrisse dargestellt

von

R. A. Lipsius.

Sonder-Abdruck aus den
„Jahrbüchern für protestantische Theologie".

Braunschweig,
C. A. Schwetschke und Sohn
(Appelhans & Pfenningstorff).
1889.

Einleitung.

a. Die Grenzen der Erkenntnis.

Nicht der christliche Glaube, wohl aber jede wissenschaftliche Behandlung der christlichen Glaubenslehre setzt eine bestimmte Erkenntnistheorie voraus. Die nachfolgende Darstellung ruht auf der **Kant'schen Erkenntnistheorie** in dem Sinne, wie dies in „Philosophie und Religion" ausgeführt ist, also im Gegensatze ebensowol zu der skeptischen und empiristischen Deutung Kant's bei verschiedenen Neukantianern, als zu dem Mill-Comte'schen Positivismus, wie derselbe von Kaftan angeeignet ist und zu dem gebrochenen Lotzeanismus Ritschl's, welcher mit dem subjectiven Idealismus beginnt, um dann durch einen logischen salto mortale in den naivsten Realismus überzuspringen. Ausgangspunkt der Erkenntnistheorie bleibt der Kant'sche Grundgedanke, dass zu wirklicher Erkenntnis Begriff und Anschauung zusammengehören. „Begriffe ohne Anschauungen sind leer, Anschauungen ohne Begriffe sind blind". Für uns gibt's keine andere Anschauung als die sinnliche, d. h. räumlich-zeitliche, oder deren mehr oder minder willkürliche Reproduction und Umbildung durch die Phantasie. Die Möglichkeit einer andersartigen Anschauung ist hierdurch nicht ausgeschlossen, aber für uns nicht vorstellbar. Hieraus ergibt sich, dass unsere Erkenntnis nur soweit reicht, als das Gebiet unsrer räumlich-zeitlichen Anschauung. Dieses Gebiet bearbeiten wir mit den Kategorien unsres Denkens und nur soweit als es gelingt, Gesetz und Zusammenhang darin nachzuweisen, dürfen wir von wissenschaftlicher Erkenntnis reden. Objective Erkenntnis wird auf diesem Wege stets gewonnen. Obgleich wir die Gegenstände nur so erkennen können, wie wir zu ihrer Erkenntnis organisirt sind, so müssen doch die beiden Factoren, auf deren Wechselbeziehung alle Erkenntnis beruht, die theils beharrlichen, theils wechselnden Verhältnisse der Dinge ausser uns auf der Einen Seite, unsre Formen des Anschauens und Denkens auf der andern Seite, unter einer höheren Einheit stehen, weil nur so verständlich wird, wie ein von der Zufälligkeit unsrer subjectiven Wahrnehmungen unabhängiger innerer Zusammenhang der wahrgenommenen Erscheinungen bestehen und in aller Erfahrung sich immer wieder bewähren kann. Wie die Verhältnisse der wahrgenommenen Gegenstände unter einander, so sind auch die Bedingungen unsrer Erkenntnis derselben in einer objectiven Gesetzmässigkeit begründet und zwischen beiderlei Gesetzmässigkeit besteht eine bisher noch durch jeden Fortschritt wissenschaftlicher Erkenntnis bewährte durchgängige Correspondenz. Hierdurch ergibt sich zugleich, dass die Formen unsres Denkens und Anschauns objective Geltung haben, d. h. zur Auffassung der Gesetzmässigkeit in den Beziehungen der Dinge geeignet sind. Dies schliesst ihren empirisch, physiologisch und psychologisch, bedingten Ursprung nicht aus: das Ich erfasst seine Thätigkeit in der Form der räumlich zeitlichen Anschauung und trägt sie über auf die Aussenwelt, indem es die Beziehungen der Objecte unter einander durch die Thätigkeit seiner eigenen lebendigen Subjectivität interpretirt. Aber die menschenartige Auffassung der Dinge ausser uns ist nur die unserm subjectiven Anschauen und Vorstellen eigenthümliche Weise, auf welche wir doch wirklich die Gesetzmässigkeit in den Beziehungen der Dinge auffassen; es sind objective Verhältnisse, welche wir mit unsern Kategorien und Anschauungsformen zum Ausdruck bringen; und ebenso prägt sich in jenen Formen eine objective Nothwendigkeit aus, deren Zwange wir uns nicht zu entziehen vermögen. Die subjectiv-psychologische bez. physiologische Vermittlung unsrer Denk- und Anschauungsformen ist also streng zu unterscheiden von deren objectiver Begründung; und in dem Maasse als es uns gelingt, die anthropomorphistische Auffassung der Dinge auf objective Verhältnisse und Gesetze zurückzuführen, dringen wir in der Wissenschaft wirklich zu objectiver Erkenntnis vor.

Die Wissenschaft von den objectiven Verhältnissen der Dinge ausser uns ist die Naturwissenschaft; die Wissenschaft von der Gesetzmässigkeit, welche der wechselnden inneren Bestimmtheit des Subjectes, und den Arten seiner Selbstthätigkeit zu Grunde liegt, ist die Geisteswissenschaft im weitesten Sinne (Psychologie, Erkenntnistheorie, Logik, Ethik u. s. w.).

Ihre Grenze findet alle wissenschaftliche Erkenntnis an der Erfahrung in dem vorhin bezeichneten Sinne. Erfahrungswissen gibt es nur, soweit eine mögliche (äussere oder innere) Anschauung durch logische Verarbeitung unsrer Wahrnehmungen und Vorstellungen zur wirklichen Erkenntnis der gesetzmässigen Verhältnisse des natürlichen und geistigen Daseins erhoben wird. Indem wir aber zur Erkenntnis der letzten Ursachen und Realitäten vorzudringen suchen, erweitern sich die Kategorien des Denkens zu regulativen Vernunftideen. Vermöge eines nothwendigen Vernunftschlusses erheben wir uns von der Mannichfaltigkeit der Erscheinungen zu dem Gedanken einer letzten Einheit, eines letzten Grundes, einer letzten Ursache. So entstehen uns die Begriffe des unbedingten oder absoluten Seins, des Weltganzen und der letzten Weltelemente, endlich der Seele als des unsrer erfahrungsmässigen selbstbewussten Selbstthätigkeit zu Grunde liegenden Seins. Alle diese Begriffe müssen wir vermöge eines unaustilgbaren Vernunftbedürfnisses aufstellen, um dem Einheitsdrange unsrer Erkenntnis zu genügen. Wir müssen ferner den Inhalt dieser Begriffe analysiren, d. h. nach den in ihnen enthaltenen logischen Merkmalen bestimmen. Aber hiermit ist auch die Grenze der wissenschaftlichen Erkenntnis erreicht. Diese Begriffe sind Grenzbegriffe, weil unsre Erkenntnis nothwendig bis zu ihnen vordringen muss, weil es uns aber wegen mangelnder Anschauung unmöglich ist, über diese Grenze hinaus unsre wissenschaftliche Erkenntnis zu erweitern.

Die Unmöglichkeit einer metaphysischen Erkenntnis des Transcendenten leuchtet alsbald ein, sobald wir den Versuch machen, mittelst der der concreten Erfahrungswelt entlehnten Bewusstseinsformen uns eine Anschauung dieser letzten metaphysischen Objecte zu entwerfen. Alsbald entstehen für uns Antinomien zwischen der abstract logischen Form, in welcher diese Begriffe allein Inhalt unsres Denkens zu sein vermögen, und der sinnlich bildlichen Weise, in welcher wir diesen Inhalt unsrer inneren Anschauung näherzubringen suchen.

Dies zeigt sich vor allem bei dem Begriffe des Absoluten. Soweit wir das Verhältnis des Absoluten zur Welt, seinen Wesensgegensatz zur Welt ebenso wie sein Grund-Sein für die Welt, auf eine dieses Verhältnis exact-logisch ausdrückende Formel zu bringen vermögen, soweit sind exact-wissenschaftliche Aussagen über jenen vernunftnothwendigen Begriff des Absoluten erreichbar. Aber jene abstract logischen Bestimmungen sind lediglich formaler Art und verdienen darum nicht, eine wirklich positive Erkenntnis des Absoluten zu heissen. Sie werden sämtlich auf dem Wege der Causalität und der Negation gewonnen; suchen wir aber auf dem Wege der Negation bis ans Ende zu gelangen, so heben wir allen concreten Inhalt unsrer Aussagen auf. Bestimmen wir dagegen das Absolute als absoluten Geist oder als Gott, so übertragen wir auf diesen Begriff die Analogie des menschlichen Geisteslebens. Die Forderung, alles vom absoluten Geiste auszusagen, was wirklich zum Wesen des Geistes gehört, alles dagegen von ihm fernzuhalten, was der Endlichkeit unsres Geisteslebens angehört, ist ebenso berechtigt wie sie thatsächlich unerfüllbar bleibt, unerfüllbar nämlich für die Metaphysik als exacte Wissenschaft. Ueberall wiederholen sich die für unser Denken unauflösbaren Antinomien zwischen dem Begriff des Absoluten und der religiösen Gottesidee. Letztere ist nicht auf dem Wege reinbegrifflichen Denkens gewonnen, sondern es wirken allemal neben dem Einheits- und Causalitätsdrange unsrer Vernunft praktisch sittliche und religiöse Motive mit, welche uns nöthigen, Gott auf dem Wege der „Eminenz" oder als Urbild des menschlichen Geisteslebens vorzustellen. Aber auf diesem Wege kommen wir immer nur zu bildlichen Aussagen, zu „Bewusstseinsanalogien". Gleichwol enthält gerade diese bildliche Vorstellungsform den eigentlichen für den religiös-sittlichen Menschen werthvollen Inhalt der Gottesidee, dem gegenüber jene abstracten Formbestimmtheiten uns als leere Formeln erscheinen, in denen der religiöse Mensch den Gott seines Glaubens niemals wiedererkennt.

Die Metaphysik bestimmt den Begriff des Absoluten nach Zeit, Raum und Causalität. Das Absolute ist das alles zeiträumliche Dasein begründende, selbst aber schlechthin zeit- und raumfreie Sein. Es ist der Realgrund alles zeiträumlichen Daseins, ebenso wie der Idealgrund für alles gesetzmässige Geschehen und für alle gesetzmässigen Verhältnisbeziehungen des zeiträumlichen Daseins. Es ist als causa finalis zugleich das Princip aller Zweckverknüpfung, wie dieselbe namentlich als Entwickelung nach bestimmten Typen schon im Naturleben wahrnehmbar ist, insbesondere aber in der Entwickelung geistigen Lebens aus der Naturgrundlage erkannt wird. Aber über diese abstracten Bestimmungen kommt das metaphysische Erkennen nicht hinaus. Die Begriffe des absoluten Seins, der absoluten Causalität u. s. w. sind selbst gar nichts Andres als unsre zu Vernunftideen erweiterten Kategorien. Mit dem durch diese formalen Bestimmungen gewonnenen Begriffe des Absoluten sind aber sehr verschiedene Auffassungen verträglich: die materialistische, welche alles Geistesleben nur als Erzeugnis des Naturlebens betrachtet, ebensogut wie die idealistische, welche im Geiste den Ursprung wie das Ziel alles Naturdaseins erkennt; die pantheistische, welche das Absolute als unbewusste, blind intelligente Naturmacht fasst, ebensogut wie die theistische, welche es als persönlichen Gott versteht. Erst praktische Nöthigungen sittlich religiöser Art führen uns dazu, die idealistische Anschauung der materialistischen, die theistische der pantheistischen vorzuziehen.

b. Causale und teleologische Weltbetrachtung.

Während nun aber die Ritschl'sche Schule zwischen dem theoretischen Welterkennen und der sittlich religiösen Gewisheit eine chinesische Mauer aufführt, fordern wir eine einheitliche Weltanschauung, welche das Gesamtgebiet unsrer Erfahrung zu einem Ganzen zusammenzieht. So wenig wie eine doppelte Wahrheit, kann es eine doppelte Wirklichkeit geben, vollends gar in dem Sinne, als ob das wissenschaftliche Welterkennen die auf praktische Nöthigungen hin geglaubten Realitäten als subjective Einbildungen verwerfen, der religiöse Glaube also, um sich vor den Einwürfen der theoretischen Wissenschaft zu sichern, sich auf sich selbst zurückziehn und in lauter „Werthurtheilen" abschliessen müsste, unbekümmert um das, was das Welterkennen zu seinen Aussagen sagt. Im Gegentheil fordert derselbe Einheitstrieb unsrer Vernunft, welcher das theoretische Denken zur Aufstellung der letzten Grenzbegriffe der Metaphysik nöthigt, diesen Grenzbegriffen mittelst der auf praktisch-sittlichem Wege gewonnenen Gewisheiten erst ihren wirklich vernünftigen Inhalt zu verleihen, und dadurch eine einheitliche Weltanschauung zu gewinnen, welche ihren Ausgang nimmt von den persönlichen Erlebnissen der religiös-sittlichen Erfahrung und den auf dieselben gegründeten Glaubensaussagen. Obwol diese Aussagen auf dem Wege theoretischer Erkenntnis nicht als wissenschaftliche Wahrheiten erwiesen werden können, so dürfen sie doch den gesicherten Ergebnissen des wissenschaftlichen Welterkennens nicht widersprechen. Die Möglichkeit aber, die beiden Reihen von Aussagen zu einem einheitlichen Ganzen zusammenzuziehen, gründet sich für uns auf die Einheit des persönlichen Ich, welches auf der einen Seite seine Welt, in der es lebt, zum Gegenstande wissenschaftlicher Erkenntnis macht, auf der andern Seite diese seine Welt, welcher es als lebendiges selbstthätiges Subject gegenübertritt, als das ihm gegebene Mittel zur Verwirklichung seines sittlich-religiösen Lebenszweckes beurtheilt. Indem das Ich sich in seine Welt und deren gesetzmässige Ordnung verflochten weiss, erstreckt es die causale Betrachtung, welche dem Welterkennen eigenthümlich ist, auch auf das Gebiet seines eigenen Geisteslebens. Indem es andrerseits im Bewusstsein seiner sittlichen Bestimmung und Verpflichtung sich zum Glauben an eine sittliche Weltordnung erhebt, setzt es der causalen Betrachtung die teleologische gegenüber, welcher es auch das Naturleben unterworfen glaubt. Beide Betrachtungsweisen, die causale und die teleologische, haben ihren Einheitspunkt in einem und demselben persönlichen Ich, welches ganz mit demselben Rechte, mit welchem es die Kategorie der Causalität zur Erkenntnis der Beziehungen der Naturerscheinungen unter einander verwendet, auch die Kategorie des Zweckes verwendet, um die Beziehungen der Natur zu dem sittlichen Subject und zu dessen Bestimmung zu verstehen. Keine von beiden Betrachtungsweisen kann einfach auf die andre zurückgeführt werden; keine kann beliebig mit der andern verflochten oder zur Ausfüllung der Lücken der andern verwendet werden. Gleichwol geben erst beide in ihrer Aufeinanderbeziehung unsre ganze Wirklichkeit. Natur und Geschichte sind die beiden grossen Daseinssphären, innerhalb derer die bewusste Selbstthätigkeit der menschlichen Persönlichkeit sich vollzieht; aber wie jene als Voraussetzung für diese dient, so nimmt diese ihren Verlauf auf Grund der durch jene der Entwickelung des geistigen und sittlichen Lebens gegebenen Bedingungen. Obwol die Persönlichkeit in der Bethätigung ihrer sittlichen Freiheit — deren Sphäre eben das geschichtliche Leben ist — sich über die empirische Naturbestimmtheit zu einer überempirischen Welt, in welcher sie ihre wahre Heimat erkennt, sich erhebt, so bleibt sie doch in den empirischen Acten, durch welche sie diese Erhebung fortschreitend vollzieht, an den gesetzmässigen Causal-Zusammenhang gebunden, welcher uns auch in der geistigen Thätigkeit ein Moment der Naturbestimmtheit erkennen lehrt.

Ein und derselbe Verlauf kann einerseits ganz unter den causalen, andererseits ganz unter den teleologischen Gesichtspunkt gestellt werden. Beide verhalten sich aber nicht gleichgiltig zu einander, was der Fall sein würde, wenn jener ausschliesslich das Naturleben, dieser ausschliesslich das geschichtliche Leben bestimmte, sondern wie dieser sich auch in die Natur, so erstreckt jener sich auch in die Geschichte hinein. Gleichwol ist es erst das Gebiet des geschichtlich-sittlichen Lebens der Menschheit, welches die in der Natur immer nur unvollständig nachweisbare Teleologie zu einem maassgebenden Factor für den Aufbau unsrer einheitlichen Weltanschauung erhebt. Es sind praktisch-sittliche Nöthigungen, in welchen die teleologische Betrachtung ihre Wurzel hat, während das Gebiet der theoretischen Wissenschaft die causale Welterklärung ist und bleibt. Zur Anerkennung des teleologischen Weltzusammenhangs kann niemand auf dem Wege wissenschaftlicher Beweisführung genöthigt werden; sie beruht immer auf einem inneren Erlebnisse der sittlichen Persönlichkeit, welches den, der sich gezwungen fühlt, seine sittliche Verpflichtung anzuerkennen, zum Glauben an eine über die Naturordnung als eine höhere Daseinssphäre sich erhebende sittliche Weltordnung führt. Aber diese sittliche Gewisheit darf uns gegen die Naturbedingungen des sittlichen Lebens nicht gleichgültig machen, wenn wir uns nicht selbst der Möglichkeit berauben wollen, in diesem raumzeitlichen, empirischen Dasein unsre sittliche Bestimmung zu erfüllen und uns dadurch zur inneren Freiheit über Raum und Zeit zu erheben.

Hierdurch rechtfertigt sich die methodische Forderung, zum Aufbau einer einheitlichen, vom Standpunkte des persönlichen Subjectes als der letzten Gewisheit aus entworfenen Weltanschauung die causale oder empirische und die teleologische oder ideale Weltbetrachtung ebensowol reinlich auseinanderzuhalten, als auch wieder als die beiden Seiten derselben Sache aufeinanderzubeziehen.

Diese Methode ist nun folgerichtig auch auf die Glaubenslehre anzuwenden. Dieselbe ist sittlich-religiöse Lebens- und Weltbetrachtung und als solche durchweg unter den teleologischen Gesichtspunkt gestellt; aber eine Lebens- und Weltbetrachtung, welche nicht im Widerspruche stehen darf mit den gesicherten Ergebnissen der theoretischen Wissenschaft, also durchweg die Berechtigung der empirisch-causalen Betrachtung anzuerkennen hat.

Die Religion.

Die Religion ist ihrem Wesen nach die Lösung des Räthsels, welches uns der Widerspruch unserer empirischen Naturbestimmtheit und unserer sittlichen Lebensbestimmung aufgibt. Sie ist in erster Linie nicht Sache der Gemeinschaft, sondern des Individuums; da aber das Individuum sich in seinem religiösen Verhältnisse nothwendig zugleich als Repräsentant aller in dem gleichen religiösen Verhältnisse stehenden Individuum betrachtet, so folgt daraus, dass es nothwendig religiöse Gemeinschaft sucht und pflegt. Die Religion ist darum ebenso wie die allerindividuellste, so auch die alleruniversellste, menschheitliche Angelegenheit. Die empirischen Motive zur Religion entspringen immer und überall dem Selbsterhaltungstriebe der Persönlichkeit, der auf den niederen Stufen nur das sinnliche Wohl des empirischen naturbestimmten Ichs, auf den höheren Stufen das höchste sittliche Gut, die Verwirklichung unsrer sittlichen Freiheit erstrebt. Diese empirischen Motive treiben den Menschen, die Hilfe, welche er bei seiner empirischen Abhängigkeit von der Natur ausser ihm und in ihm vergeblich erstrebt, von einer übernatürlichen Macht zu erwarten, zu der er in ein persönliches Verhältnis tritt. Dieses Verhältnis ist überall, wo es sich verwirklicht, ein Verhältnis ehrfürchtiger Scheu und behält diesen Charakter auch dann, wenn zur Ehrfurcht die Pietät, das kindliche Vertrauen und die dankbare Liebe hinzutritt. Aber diese empirischen Motive erklären ebensowenig den Fortschritt von der Naturreligion zur sittlichen Religion, wie sie das Grundphänomen aller Religion überhaupt, den Glauben an eine übernatürliche Macht zu erklären vermögen. Jener Fortschritt erklärt sich aus der gemeinsamen Wurzel der Sittlichkeit und der Religion: dem im persönlichen Selbstbewusstsein erlebten überempirischen Wesen des Menschen, seiner Anlage und Bestimmung zur Erhebung über die Natur zur Freiheit über sie. Erst in der sittlichen Religion kann diese Freiheit wahrhaft verwirklicht, das höchste Gut, welches der Mensch erstrebt, — in sich vollendetes, über die Naturgewalt erhabenes Leben — wahrhaft erreicht werden. Von der empirischen, immer nur relativen, und in dem Maasse ihrer Verwirklichung auf jedem Punkte causalbestimmten Freiheit in der Welt ist also die transcendentale Freiheit zu scheiden, welche im persönlichen Selbstbewusstsein erlebt wird, als solche aber, da sie mit dem über die gesamte empirische Entwickelung des Menschen übergreifenden sittlichen Wesen des Menschen zusammenfällt, den gesamten sittlichen Process begründet, ohne jemals als besonderer einzelner Factor in denselben einzugreifen. In derselben praktischen Nöthigung zur Erhebung des persönlichen Subjects über die Natur ist aber zugleich der Glaube an die Gottheit als übernatürliche Macht gegründet. Die Verwirklichung seiner transcendentalen Freiheit kann der Mensch nur in einer transcendentalen Abhängigkeit von einer freien Willensmacht erreichen, in welcher ebensowol der schöpferische Grund seiner eigenen transcendentalen Freiheit, als auch die Kraft zur Verwirklichung seiner Lebensbestimmung in der Erhebung über die Naturbestimmtheit gegeben ist. Im Glauben an diese übernatürliche Willensmacht betrachtet der Mensch auch seine eigene religiöse Erhebung zu ihr als gegründet in einer innern Bethätigung jener Macht in seinem eigenen Geistesleben. Hier liegt die Wurzel alles Offenbarungsglaubens.

Ihrem metaphysischen Wesen nach ist daher die Religion persönliche Lebensgemeinschaft mit jener göttlichen Macht, ein reales, persönliches Wechselverhältnis Gottes und des Menschen, dessen Stätte des Menschen persönliches Geistesleben ist. Jeder religiöse Act ist in seinem Grunde eine göttliche Geisteswirkung im Menschen, in seiner thatsächlichen Verwirklichung ein Act seiner persönlichen Freiheit. Offenbarung im weitesten Sinne und Religion sind also Wechselbegriffe. Das Dass dieses Wechselverhältnisses ist einfach Glaubensgewisheit und wird in jedem ächt religiösen Acte, vor Allem im Gebetsverkehre, immer von Neuem erlebt. Das Wie dieses Verhältnisses entzieht sich der verstandesmässigen Analyse, ist also etwas Mystisches, ein Mysterium. Die Wirkungen dieses Verhältnisses aber werden in den psychologisch bedingten religiösen Bewusstseinsacten, den religiösen Vorstellungen, Gefühlen und Willensantrieben angeeignet, und sind insofern ein Gegenstand wissenschaftlicher Erkenntnis.

Die Entwickelung des religiösen Verhältnisses vollzieht sich in dem geschichtlichen Leben der Menschheit. In der pantheistischen Naturmystik empfindet der Mensch nur die allgemeine Abhängigkeit alles endlichen Daseins — in welches er sich selbst mit einrechnet — von seinem unendlichen göttlichen Grunde. Eben darum ist die Gottheit hier nur erst als Naturmacht erkannt. In der sittlichen Religion macht der Mensch einen bestimmten Unterschied zwischen seiner natürlichen Abhängigkeit von der Naturordnung Gottes und seiner sittlichen Abhängigkeit von der sittlichen Weltordnung Gottes. In letzterer ist ihm Gottes unbedingt gebietender Wille offenbar, von dessen Erfüllung durch den freien Willen des Menschen sein höchstes Gut, die Verwirklichung seiner Lebensbestimmung abhängt. Indem aber der Mensch unter der allgemeinen sittlichen Weltordnung zugleich seiner empirischen Unfähigkeit inne wird, die göttlichen Gebote aus eigener Kraft zu erfüllen, weist diese Religionsstufe über sich selbst auf eine höhere hinaus, in welcher Gott den Menschen aus Gnaden von dieser seiner Unfähigkeit erlöst und ihn so erst wahrhaft zur realen Lebensgemeinschaft — nicht blos zur Willensübereinstimmung — mit sich führt. Diese höhere Stufe ist die Erlösungsreligion, im Unterschiede von der Gesetzesreligion. In der Erlösungsreligion ist der göttliche Wille nicht blos als gebietender, strafender und verdammender Wille, sondern als väterlicher Liebewille offenbar, der dem Sünder seine Schuld vergiebt, ihn trotz seiner Sünde zur Liebesgemeinschaft mit dem Vater beruft und in dieser Gemeinschaft sich an ihm als Kraft zur sittlichen Freiheit bethätigt. Ihre Voraussetzung ist, dass der Mensch auf alles eigne Können und Wollen Gott gegenüber verzichtet hat, um ganz allein von Gottes Gnaden zu leben. Geschichtlich ist diese höchste Religionsstufe erst im Christenthume offenbar. Die Offenbarung in Christus ist die geschichtliche Grundlage, auf welcher der Glaube an die göttliche Heils- und Gnadenordnung sich aufbaut. Diese Heilsordnung selbst ist nichts Geschichtliches, sondern etwas Uebergeschichtliches oder Ewiges: aber sie verwirklicht sich erst im geschichtlichen Leben der Menschheit unter ganz bestimmten geschichtlichen Bedingungen. Die Versöhnung und Erlösung vollzieht sich erst in und durch die geschichtliche Persönlichkeit Jesu Christi, in welcher das vollkommene religiöse Verhältnis thatsächlich verwirklicht und eben dadurch für uns der göttliche Versöhnungs- und Erlösungswille offenbart ist.

Das Christenthum.

Um das Wesen der christlichen Religion zu erkennen, haben wir deren eigenthümliches religiöses Grundverhältnis, oder das christliche Princip zu ermitteln. Dieses Grundverhältnis gründet sich in der eigenthümlichen Grundthatsache des Christenthums, der geschichtlichen Persönlichkeit Christi, und es erzeugt andrerseits wieder eine eigenthümliche Grundanschauung von Gott, dem Menschen und der Welt. Die Grundthatsache erhält ihren Werth für uns durch das Grundverhältnis, welches sie vermittelt; das Grundverhältnis gewinnt seine Wirklichkeit hinwiederum durch jene Grundthatsache. Mit dem Grundverhältnisse ist dasjenige religiöse Verhältnis zwischen Gott und Mensch verstanden, welches als religiöses Princip allen christlichen Glaubensaussagen zu Grunde liegt. Es drückt zugleich das höchste Gut für den Christen oder die Verwirklichung seines höchsten Lebenszwecks aus. Dieses religiöse Grundverhältnis ist das der Kindschaft bei Gott, welches als solches zugleich die Zugehörigkeit zu dem Reiche Gottes, oder die Theilnahme an dem letzten Weltzwecke Gottes in sich schliesst. Diese Kindschaft bei Gott ist eine gnadenweise von Gott hergestellte; wie sie subjectiv durch Busse und Glauben bedingt ist, so kommt sie objectiv zu Stande durch die versöhnende und erlösende Gnade Gottes. Diese Versöhnung und Erlösung ist also das specifisch religiöse Gut, dessen Besitz das Christenthum vermittelt; und zwar zunächst das höchste religiöse Gut für das Individuum. Wie die sittliche Seite des christlichen Princips, die Verwirklichung unserer sittlichen Lebensbestimmung, der religiösen Seite, der Gotteskindschaft, untergeordnet ist, so ist auch die gemeinsame Seite, die sittliche Menschengemeinschaft unter der Idee des göttlichen Reiches, der individuellen Seite, der persönlichen Gemeinschaft des Gotteskindes mit dem himmlischen Vater, untergeordnet.

Die religiösen Aussagen des christlichen Glaubens sind die Ausführung der im christlichen Principe begründeten christlichen Grundanschauung von Gott, dem Menschen und der Welt. Sie sind zunächst Aussagen über die eigenthümliche religiöse Erfahrung des Christen: denn die Gotteskindschaft ist entweder eine leere Einbildung, oder sie ist innerlich erfahrene, persönlich erlebte Gewisheit. In dieser religiösen Erfahrung ist immer eine bestimmte Wechselbeziehung des Menschen zu Gott und zu seiner Welt gesetzt. Gott kommt also für den christlichen Glauben in Betracht nicht wie er an sich ist, in seiner verborgenen Natur, sondern wie er für mich ist, wie er sich zu mir verhält. Die christlichen Aussagen über Gott sind keine theoretischen Erkenntnisse, sondern Beschreibungen der von den Christen erfahrenen Beziehungen Gottes zu ihm und zu seiner Welt. Ganz ebenso sind aber auch die christlichen Aussagen über den Menschen keine theoretischen Erkenntnisse, sondern Beschreibungen seines persönlich erlebten Verhältnisses zu Gott und zu seiner Welt. Und gleicherweise sind die christlichen Aussagen über die Welt keine theoretischen Erkenntnisse, sondern Beschreibungen des Verhältnisses, in welchem die Welt zu Gott und dem Menschen steht. Auf Grund der eigenthümlich religiösen Erfahrung des Christen sind aber seine religiösen Aussagen immer zugleich Glaubenssätze, d. h. Aussagen über übersinnliche, in der gegenwärtigen Erfahrung nicht angetroffene Realitäten, deren der Glaube gleichwol auf Grund der religiösen Erfahrung gewis ist. Dieselben entspringen der dem Christen eigenthümlichen teleologischen Betrachtung des göttlichen Wirkens in Natur und Geschichte, des individuellen Lebens und der sittlichen Welt, nach Ursprung, Verlauf und künftiger Vollendung. Diese teleologische Betrachtung darf mit der causalen in keinen, die eine von beiden als Unwahrheit erweisenden, Widerstreit kommen; noch weniger kann sie aber durch jene erwiesen werden. Denn der Grund, auf welchem sie ruht, ist keine theoretische Erkenntnis, sondern Glaubensgewisheit.

Hierdurch ist dasjenige, was man irrthümlich „die durchgängige Subjectivirung der Theologie" genannt hat, wissenschaftlich begründet. Der Ausdruck ist falsch, denn es handelt sich weder blos um Beschreibungen subjectiv frommer Bewusstseinszustände, noch auch um blosse subjective Werthurtheile, denen keine Seinsurtheile entsprechen. Ebenso wenig handelt es sich blos um Verhältnisse des Menschen zu Gott und zu seiner Welt, sondern ganz ebenso um Gottes Verhältnis zu dem Menschen und zur Welt. Aber eben doch um Verhältnisse, welche erlebt oder wenigstens auf Grund des religiösen Erlebnisses geglaubt werden, nicht um theoretisch erkennbare Wahrheiten. Um Verhältnisse, welche dem frommen Subjecte persönlich gewis sind, deren Gewisheit mit seinem persönlichen Selbstbewusstsein untrennbar verschmolzen ist, und darum auch die Würme der subjectiven Empfindung und das Gefühl eines unbedingten Werthes für das Subject nothwendig in sich schliesst. Die religiösen Aussagen des Christen sind also nicht vom Standpunkte Gottes aus, sondern vom Standpunkte des gläubigen Subjects aus entworfen; aber dieses Subject ist durch die geschichtliche Offenbarung in Christus seiner Versöhnung und Erlösung und damit seiner Gotteskindschaft und Bürgerschaft im Gottesreiche gewis.

Die geschichtliche Offenbarung in Christo und das Geisteszeugnis.

Alle religiösen Aussagen des Christen haben ihre objective Grundlage an der Offenbarung in Christo, deren Urkunde die neutestamentlichen Schriften sind. Der Inhalt dieser Offenbarung ist die geschichtliche Thatsache der Versöhnung und Erlösung als in Christo vollzogen. Offenbarung ist Selbstkundgebung Gottes für den Menschen. In der Naturordnung, sittlichen Weltordnung und Heilsordnung wird der Wille Gottes dem Menschen offenbar. Wie diese Ordnungen selbst, so ist auch der in ihnen kundwerdende göttliche Wille ein abgestufter. In der Naturordnung offenbart sich Gott für das verständige Denken, in der sittlichen Weltordnung für das sittliche Bewusstsein, in der Heilsordnung für den Glauben, welcher der göttlichen Gnade gewis wird. Auf dem Standpunkte des christlichen Glaubens werden auch die niederen Ordnungen Gottes als in dem ewigen Weltplan Gottes inbegriffen erkannt: die sittliche Weltordnung verwirklicht sich auf der Grundlage der Naturordnung, die Heils- und Gnadenordnung auf der Grundlage der allgemeinen sittlichen Weltordnung. Die Stätte der beiden letzten Ordnungen Gottes ist das geschichtliche Leben der Menschheit. Inhalt der sittlichen Weltordnung ist das Sittengesetz, wie es im subjectiven Gewissen und in den sittlichen Verhältnissen der menschlichen Gemeinschaft sich beurkundet. Inhalt der Heilsordnung ist das Evangelium von der Versöhnung und Erlösung, welches in Christo offenbart ist. Es ist schief, das religiöse Princip des Christenthums, oder das religiöse Verhältnis der Gotteskindschaft, als den Inhalt der christlichen Offenbarung zu bezeichnen. Vielmehr wird dieses Princip erst auf Grund der geschichtlichen Offenbarung in Christo eine Lebensmacht und als solche eine Thatsache innerer Erfahrung für die Gläubigen; Gegenstand der Offenbarung aber kann nicht ein Verhältnis des Menschen zu Gott, sondern nur der Wille Gottes an den Menschen sein, welcher freilich auf Herstellung jenes Verhältnisses gerichtet ist. Aber nicht minder schief ist es, den nächsten Inhalt der christlichen Offenbarung im Gottesreich als göttlichem Weltzweck zu finden. Denn das Reich Gottes als göttlicher Weltzweck wird schon unter der allgemeinen sittlichen Weltordnung erkannt; Christus bringt die Kunde vom Gottesreich nicht als etwas Neues, sondern er erfüllt die alte Reichshoffnung, indem er die Bedingungen für das Kommen des Gottesreichs einerseits durch seine Person und sein Werk verwirklicht, andrerseits für die Gemeinde der Gläubigen offenbart. Die Offenbarung des Reichswillens Gottes aber, wie er auf die „Gerechtigkeit" der Reichsgenossen und auf die Ordnungen des Gottesreichs sich bezieht, ist in der Offenbarung der Versöhnung und Erlösung mit eingeschlossen: denn die sittliche Idee des Gottesreichs als der von der christlichen Bruderliebe beseelten Menschengemeinschaft ist durchaus unter den religiösen Gesichtspunkt der Liebesgemeinschaft der Gotteskinder mit dem himmlischen Vater gestellt, welche auf der zuvorkommenden Vaterliebe beruht. Die Gewähr für die Wahrheit der christlichen Offenbarung liegt einfach in der Thatsache, dass dem Christen die Güter, deren objective Verwirklichung in Christo sie verkündigt, unter Bedingung des Glaubens wirklich subjectiv zu eigen werden. Diese Zueignung ist eine innere persönliche Erfahrung von der versöhnenden und erlösenden Macht des Evangeliums von Christo, welche für die Gläubigen durch einen Act der Selbstbeglaubigung des göttlichen Geistes im Menschengeiste (testimonium spiritus sancti internum) vermittelt wird. Diese unmittelbar persönliche Heilsgewisheit, als eine auf dem Geisteszeugnisse (fides divina) beruhende, bildet den eigentlichen Herzpunkt evangelischer Frömmigkeit. Dieses Geisteszeugnis kann empirisch in dem Zusammenhange psychologischer Vorgänge nicht aufgewiesen werden; ebenso wenig kann es durch irgend welche speculative Theorie von dem Verhältnisse des göttlichen und des menschlichen Geistes wissenschaftlich begründet werden. Insofern bleibt dasselbe ein Mysterium. Gleichwol ist es nicht nur für den teleologischen Glauben des Christen ein nothwendiger Glaubensgedanke, sondern es ist zugleich ein persönliches Erlebnis, ähnlich wie das Erlebnis des Sittengesetzes, welches auch nicht empirisch aufgezeigt werden kann und dennoch dem ganzen empirischen Verlaufe des sittlichen Lebens zu Grunde liegt; als ein solches persönliches Erlebnis ist es ein innerer Offenbarungsact Gottes im Menschengeiste. Ohne dasselbe nützt es auch nichts, in die Gemeinde als Inhaberin der Versöhnung und Erlösung sich einzurechnen. Wohl aber wird die individuelle Heilsgewisheit gegen den Verdacht subjectiver Selbsttäuschung oder Gehörshallucination dadurch sichergestellt, dass sie sich in Einklang weiss mit dem gemeinsamen, auf dem Grunde der geschichtlichen Offenbarung in Christo sich aufbauenden Glaubensleben der christlichen Gemeinde, oder mit dem immer aufs Neue sich in den Gliedern der

Gemeinde wiederholenden gemeinsamen Zeugnisse von der Heilskraft dieses in Christo offenbarten Evangeliums.

Hier ist zugleich der Punkt, an welchem die grundlegende Bedeutung der heiligen Schrift für die Glaubenslehre erhellt. Die heilige Schrift insbesondere des Neuen Testaments ist die geschichtliche Urkunde von der Offenbarung in Christo und gleichzeitig das ursprüngliche Zeugnis von der Heilswirksamkeit dieser Offenbarung in den Herzen der ersten Jüngergemeinde. Auf beiden Eigenschaften beruht ihre Bedeutung als Gnadenmittel (s. u.). Für die Glaubenslehre aber ist sie in erster Linie Urkunde des in Christo offenbarten Gnadenwillens. Sofern dieser Gnadenwille Gottes in unzertrennlichem Zusammenhange steht mit dem gebietenden Willen Gottes oder seinem Gesetze, umfasst die heilige Schrift das Wort Gottes nach beiden Beziehungen hin als Gesetz und Evangelium; und zwar beurkundet sie die geschichtliche Offenbarung dieses Wortes Gottes in Christo in ihrem geschichtlichen Zusammenhang mit der Gottesoffenbarung im A. T., oder mit dem alttest. Moralgesetz und mit der an Israel ergangenen Reichsverheissung. Insofern ist die heil. Schrift nicht blos Erkenntnisquelle des christlichen Glaubens, sondern zugleich Norm für die Darstellung christlicher Glaubenslehre, weil letztere durchweg gebunden bleibt an die Gottesoffenbarung in Christo. Aber dieses normative Ansehn der heil. Schrift gewinnt dadurch sofort seine nähere Bestimmung, dass es bezogen wird auf den wesentlichen, in allen neutestamentlichen Schriften übereinstimmend bezeugten religiösen Inhalt der heil. Schrift, d. h. nicht auf die von den einzelnen biblischen Schriftstellern da und dort unter dem Einfluss der Zeitbildung unternommene theologische Formulirung der christlichen Heilswahrheit, sondern eben auf diese Heilswahrheit selbst, wie sie im inneren Leben der Gläubigen unmittelbar erfahren, und auf Grund innerer Erfahrung zu Glaubenssätzen ausgeprägt werden kann.

Der christliche Gottesglaube.

Auf dieser Grundlage sind die einzelnen christlichen Glaubenssätze als ein zusammenhängendes Ganzes zu entwickeln. Sie fassen sich zusammen in dem Glauben an **Gott den Vater**, der sich im **Sohne** als die versöhnende und erlösende Liebe offenbart, und sich im **heiligen Geiste** den Gläubigen zur Liebesgemeinschaft mit ihnen mittheilt. Diese göttliche Offenbarungsdreiheit muss im göttlichen Wesen gegründet sein; denn sonst wäre Gott als Vater im Sohne und durch den Geist nicht wahrhaft offenbar. Aber unserm Denken gebricht jede Möglichkeit, über innere Unterschiede im transcendenten göttlichen Wesen, vollends über persönliche Unterschiede in der göttlichen Persönlichkeit, irgend etwas logisch Haltbares auszumitteln. Auch die Ausdrücke Vater, Sohn und Geist bezeichnen ein dreifaches Verhältnis Gottes zum Menschen und zu seiner Welt, während sie als Bezeichnungen innergöttlicher Verhältnisse sich jeder logischen Analyse entziehen. Uebersieht man diesen Thatbestand und versucht gleichwol über das innergöttliche Wesen zu speculiren, so geräth man nothwendig in mythologische Vorstellungen.

Aehnliche Schwierigkeiten erwachsen unserem Denken, sobald wir den Begriff des Absoluten auf die christliche Gottesidee anwenden. Nur haben wir es hier mit einer unabweisbaren Nothwendigkeit unseres Denkens zu thun, den Gott des christlichen Glaubens wirklich als absolut, d. h. als über die räumlich zeitliche Welt erhaben zu setzen, nicht aber als ein Weltwesen, welches selbst dem Raum und der Zeit unterworfen wäre. Ebenso unabweisbar ist die Bestimmung Gottes als absolute Causalität, weil er nur Gott ist als allmächtiger Schöpfer und Herr seiner Welt. Er würde aufhören, Gott zu sein, wenn er nicht wahrhaft der Alleinige wäre, sondern seine Absolutheit mit anderen Wesen theilen müsste, oder durch Andere beschränkt wäre. Nun fordert aber schon die ethische Weltbetrachtung, den absoluten Grund der Welt als persönlich, d. h. nach Analogie unseres menschlichen Bewusstseins zu setzen. Beurtheilen wir den Geist als das höhere und vornehmere Sein gegenüber der Natur, so können wir den Einheitsgrund beider weder als Natur noch auch als abstracte Indifferenz, sondern nur a potiori als Geist betrachten. Wirklicher Geist aber ist persönlicher, selbstbewusster und sichselbstbestimmender Geist. Sobald wir nun aber den Gedanken der Persönlichkeit Gottes durchdenken wollen, so entsteht für uns die Aufgabe begreiflich zu machen, wie die Persönlichkeit Gottes mit seiner Absolutheit vereinbar sei. Dieser Nachweis aber geht über das Vermögen unseres Denkens hinaus. Der Gedanke der Persönlichkeit Gottes wird via eminentiae gewonnen, der Gedanke der Absolutheit via negationis. Beide Wege sind von jeher eingeschlagen worden, um den Inhalt der Gottesidee zu erkennen: schon vor Alters aber hat man auch eingesehn, dass man auf diesen beiden Wegen keinen einheitlichen Begriff, sondern eine doppelte Reihe von Aussagen über Gott, positive und negative, gewinnt, von denen wir nicht einzusehen vermögen, wie sie mit einander vereinbar seien. Zwar der Begriff der Persönlichkeit an und für sich macht nicht die mindeste Schwierigkeit. Derselbe schliesst so wenig eine Schranke ein, dass gerade nur die absolute selbstbewusste Selbstmacht die Persönlichkeit im vollen Sinne des Wortes sein kann. Aber wir können weder den Begriff eines absoluten Bewusstseins, noch eines absoluten Willens vollziehn, ohne die Analogie unseres menschlichen zeitlich und räumlich beschränkten Wissens und Wollens auf Gott zu übertragen. Ein persönliches Bewusstsein und einen persönlichen Willen, die nicht an die Schranken der Zeit gebunden wären, können wir uns ebenso wenig vorstellig machen, als wir uns umgekehrt das göttliche Bewusstsein und Wollen als ein zeitlich beschränktes denken dürfen. Raum und Zeit sind die Formen, in welchen Gott sich offenbart; diese Offenbarung muss mithin im göttlichen Wesen gegründet sein, Gott kann sich also auch zu diesen Formen seiner Offenbarung nicht gleichgiltig verhalten. Dieselben sind für ihn ebenso wenig ein blosser Schein, als sein lebendiges Verhältnis zur Welt, welches als eine Mannichfaltigkeit besonderer Willensacte Gottes sich darstellt, ein blosser Schein ist. Aber dieses Eingehen des bewussten göttlichen Wirkens in die zeitlichen und räumlichen Unterschiede des Weltlebens mit der Ueberzeitlichkeit und Ueberweltlichkeit des göttlichen Wesens für unser Denken auszugleichen, vermögen wir nicht. Die Unterscheidung von Wesen und Bewusstseinsinhalt Gottes erklärt nichts, denn es handelt sich um die Frage, wie eine schlechthin zeitlose Thätigkeit doch wieder zeitlich bestimmt sein könne. Hier bleibt nur übrig, eine abstracte Formel aufzustellen: Gott bringt die Zeitlichkeit als Form seines eigenen Bewusstseins und seiner eigenen Thätigkeit auf schlechthin zeitlose Weise hervor, ohne in seinem Wissen und Wollen an die Schranken der Zeit gebunden zu sein. Aber erklärt und verstanden ist damit noch nichts; die Antinomie bleibt bestehen, nur dass sie auf eine exact-logische Formel gebracht ist. Lediglich als Analogon kann unser über den Zeitwechsel erhabener „intelligibler Charakter" dienen; aber dieser bleibt ein Beharrliches in der Zeit: Gott aber ist ewig.

Aehnliche Antinomien kehren bei jedem Versuche wieder, die auf dem Wege der Eminenz und dem Wege der Negation gewonnenen Reihen von Aussagen auszugleichen. Die angeblich speculativen Lösungen der Schwierigkeiten beruhen nur auf Schein. Andererseits können wir auch nicht mit der Ritschlschen Schule einfach Verzicht auf Befriedigung des logischen Bedürfnisses leisten, und uns lediglich an die „Werthurtheile" halten, welche der christliche Glaube ergibt. Denn es handelt sich ja um die entscheidende Frage, ob jene Werthurtheile auf Wahrheit beruhn oder nicht. Wir können nicht darauf verzichten, den Begriff des Absoluten auch auf die christliche Gottesidee anzuwenden, trotzdem dass er für sich allein genommen nur leere Negationen gibt. Denn ein nicht absoluter Gott ist ein heidnischer Götze. Aber allen concreten Inhalt erhalten unsere Aussagen über Gott doch lediglich durch den religiösen Glauben. Die Anwendung der Idee des Absoluten als eines kritischen Kanon will also nicht etwa besagen, dass jene religiösen Aussagen ihres concreten Inhaltes entleert werden sollen, sondern lediglich, dass wir bei all unserem Reden über göttliche Dinge dessen bewusst bleiben sollen, dass wir die Uebertragung der Anschauungs- und

Vorstellungsformen des räumlich und zeitlich beschränkten menschlichen Geistes auf den unendlichen Geist nicht vollziehn können, ohne ihn zu verendlichen. Für den Christen versteht es sich ganz von selbst, dass sein Gott Bewusstsein und Willen hat. Ein unbewusster oder willenloser Gott ist überhaupt kein Gott. Aber wir sollen niemals vergessen, dass wir ein unendliches Bewusstsein und einen unendlichen Willen nur in Bildern und Gleichnissen vorstellen können, welche dem endlichen Geistesleben des Menschen entlehnt sind. Darum hört der Begriff eines unendlichen Bewusstseins und Willens nicht auf, ein denknothwendiger Begriff zur Bezeichnung unseres Gottesgedankens zu sein. Aber wir müssen uns bescheiden, dass wir hier an der Grenze unsrer Erkenntnis angelangt sind, dass wir also ausser Stand sind, eine adäquate Erkenntnis des innern Wesens und der Eigenschaften Gottes zu gewinnen. Das Einzige, was uns übrig bleibt, ist die fortschreitende Läuterung unsrer religiösen Bildersprache. Diese Läuterung aber hängt weit weniger als man anzunehmen pflegt, von den Fortschritten unsres verständigen Denkens ab. Obwol auch dieses sich immer bemüht hat, allzu grobe Menschlichkeiten von Gott fernzuhalten, so kommen wir doch über die Anwendung menschlicher Analogien überhaupt niemals hinaus. Vielmehr vollzieht sich diese Läuterung vor allem durch den Fortschritt unsrer sittlichen Erkenntnis. Nur die vollkommen sittliche Religion wird also wirklich Gottes würdige Vorstellungen liefern.

Die christliche Gottesidee erfüllt den metaphysischen Gedanken des Einheitsgrundes der Natur und der sittlichen Welt mit lebendigem Inhalt. Als Aussagen über transcendente göttliche Eigenschaften sind alle näheren Bestimmungen des christlichen Gottesbegriffs Bilder und Symbole, welche der Analogie des Menschengeistes entlehnt sind. Als Aussagen dagegen über den in Gesetz und Evangelium offenbarten, im persönlichen Geistesleben des Gläubigen erfahrenen göttlichen Willen sind diese Bestimmungen durchaus eigentlich gemeint. In den Willenskundgebungen Gottes an den Menschen wird Gottes Wesen erkannt. Alle Eigenschaften Gottes, als metaphysische Aussagen über die innere göttliche Natur verstanden, verwickeln unser menschliches Denken in Widersprüche; als Bethätigungen des göttlichen Wirkens an dem Menschen und in seiner Welt sind sie Glaubensaussagen, welche auf persönlicher religiöser Erfahrung des Frommen ruhen.

Der in Christo offenbarte göttliche Wille fasst sich zusammen in der göttlichen Heilsordnung, in welcher sich die göttliche Liebe als väterliche Güte, Heiligkeit und Gerechtigkeit offenbart. Diese Väterlichkeit Gottes wird vom Gläubigen als ein persönliches Verhältnis Gottes zu ihm erfahren, als ein Verhältnis von Ich und Du, auf welchem alle Möglichkeit des Gebetsverkehrs beruht. Der Gott des Christen ist daher nothwendig der persönliche Gott, ein Ausdruck, welcher als Aussage über Gottes transcendentes Wesen eine dem menschlichen Geistesleben entlehnte Analogie, für den Glauben dagegen die einzig mögliche Bezeichnung des in dem persönlichen Verhältnisse Gottes zu uns sich kundgebenden göttlichen Wesens ist.

Gott und die Welt.

Der christliche Glaube an das Verhältnis Gottes zur Welt und dem Menschen fasst sich in den beiden Stücken der Schöpfung und der Vorsehung zusammen. Im Unterschiede von der empirisch-causalen Auffassung des Weltdaseins und des Weltverlaufs, welche den Gegenstand wissenschaftlicher Forschung bildet, stellt der christliche Glaube beides unter den teleologischen Gesichtspunkt. Die Natur und alles naturbestimmte Dasein, auch das des endlichen Geistes, ist ihm Creatur, als solche aber bestimmt, dem göttlichen Weltzwecke zu dienen. Das Verhältnis des Naturlaufs zu den Zwecken Gottes mit der Menschheit überhaupt und mit jedem einzelnen persönlichen Subjecte insbesondre bildet den Gegenstand der Theodicee. Dieselbe steht vor dem Räthsel, dass nach unserer freilich immer nur beschränkten und unvollkommenen Erfahrung das natürliche Geschehn völlig unabhängig von sittlichen Zwecken, lediglich nach natürlichen Gesetzen zu verlaufen, eben darum aber jene fort und fort zu durchkreuzen scheint. Es geht ebensowenig an, eine Durchkreuzung des Naturzusammenhangs an jedem beliebigen Punkte durch ein unvermitteltes göttliches Eingreifen anzunehmen, als auch umgekehrt aus der Unverbrüchlichkeit des Naturgesetzes die Unmöglichkeit teleologischer Betrachtung auch des Naturverlaufes zu folgern. Die Naturgesetze sind ebensowenig wie das Naturleben, sei es auch nur relativ, unabhängig von dem göttlichen Willen, vielmehr muss derselbe Verlauf ganz unter den Gesichtspunkt des Naturzusammenhangs und ganz unter den Gesichtspunkt der göttlichen Zwecksetzung gestellt werden. In dem Naturverlaufe und mittelst desselben bethätigt sich die göttliche Teleologie, als eine demselben einwohnende Macht, über jede einzelne Daseinssphäre hinausgreifend, neue Lebenskeime und Lebensanfänge weckend, welche in ihrer empirischen Verwirklichung durchweg natürlich vermittelt, aber im Naturmechanismus als solche nicht zureichend begründet sind. Ueber die Naturordnung aber hinaus erheben sich die höheren Ordnungen Gottes, die sittliche Weltordnung und die Heilsordnung, in denen eine Abstufung des göttlichen Willens offenbar wird, daher der göttliche Endwille erst in der Heilsordnung erkannt wird. Im geistig-sittlichen Leben vollzieht sich unbeschadet der natürlich psychologischen und subjectiv moralischen Vermittelung eine innere Einwirkung Gottes, welche in der Sphäre der allgemein moralischen Weltordnung durch das Gewissen als eine wirkliche Gottesstimme im Menschen vermittelt wird, in der Sphäre der Heilsordnung aber als innere Kundgebung des göttlichen Geistes mit seinem Trost und seiner Kraft im Menschengeist sich bezeugt. Diese Unterscheidung der empirisch causalen Vermittelung alles Geschehns und seiner teleologischen Leitung durch den übergreifenden göttlichen Willen rechtfertigt den Glauben an das Wunder im religiösen Sinn, welches als solches niemals empirisch erweislich, für die teleologische Betrachtung aber ein Thaterweis specieller göttlicher Führung und Fügung ist. Der religiöse Wunderbegriff ist von dem dogmatischen Mirakelbegriffe wohl zu unterscheiden: jener ist dem wissenschaftlichen Erkennen einfach unzugänglich, dieser versucht die Ergebnisse wissenschaftlicher Weltbetrachtung auf ihrem eignen Boden zu durchkreuzen.

Gott und die menschliche Freiheit.

Auch im Verhältnisse zur menschlichen Freiheit und zur menschlichen Sünde ist das göttliche Wirken nicht als ein unthätiges Geschehnlassen zu betrachten. Weder eine Beschränkung des göttlichen Willens noch des göttlichen Wissens ist in irgendwelcher Form zulässig. Der Glaube an die göttliche Leitung alles Geschehns verträgt keine Einschränkung derselben. Das Problem, wie die menschliche Freiheit mit dem allumfassenden göttlichen Willen vereinbar sei, bleibt für das causale Denken unlösbar. Es ist dies im Grunde dasselbe Problem, welches durch das religiöse Verhältnis aufgegeben wird, in welchem göttlicher und menschlicher Geist in persönlicher Wechselbeziehung stehen, unbeschadet der durchgängig psychologischen Vermittelung des menschlichen Geisteslebens. Wohl aber lässt sich sagen, dass die menschliche Freiheit sich immer nur innerhalb der sittlichen Weltordnung Gottes bewegt, von dieser also im Guten wie im Bösen gleicherweise abhängig bleibt. In dieser sittlichen Ordnung bethätigt sich Gott aber nicht blos als alles umfassender Wille, sondern auch als alles durchschauendes Wissen. Ebensowenig wie die menschliche Freiheit überhaupt ist der Freiheitsmisbrauch durch die Sünde von dem speciellsten göttlichen Walten auszuschliessen. Auch das Böse ist von dem alles umfassenden göttlichen Willen mit eingeschlossen; aber dieser Wille bethätigt sich auf andre Weise in Beziehung auf das Böse, in andrer Weise in Beziehung auf das Gute. Nur auf die Hervorrufung des letztern ist der göttliche Endwille gerichtet, der als Heilswille im Christenthum vollkommen offenbart ist. Auch das Böse ist von Gott zu einem Momente seines Liebeszweckes gemacht, welcher auf Verwirklichung der Gotteskindschaft in uns und des Gottesreichs in der Menschheit gerichtet ist, dem Bösen gegenüber aber nicht blos als „zulassender" oder „mitverhängender" Wille, sondern immer zugleich als Gerichtswille sich kundgibt. Seine eigentliche Sphäre aber hat der christliche Vorsehungsglaube in den Schicksalen des Einzellebens. Auch hier reicht die Anweisung zu einer lediglich subjectiven Beurtheilung der Güter und Uebel des Lebens als Mittel zu unsrer sittlichen Förderung nicht aus. Vielmehr fordert der christliche Glaube, unbeschadet des in sich unverbrüchlichen, als solcher aber nicht direct auf die Lebenszwecke des Einzelnen bezogenen Naturlaufs, dass die bewusst-göttliche Leitung unsres Lebens auch das Einzelnste mitbefasst, also eine bis ins Speciellste hinein gottgewollte Führung unsres Lebens sei, zur Verwirklichung seiner Liebeszwecke mit uns. Das Wort, dass denen, die Gott lieben, alle Dinge zum Besten dienen müssen, hat nicht blos auf dem Standpunkte subjectiv menschlicher Betrachtung sein Recht, sondern drückt eine objective Wahrheit aus, in welcher Gottes persönliches Verhältnis zu uns sich zusammenfasst.

Der Vorsehungsglaube ist an sich von jeder sittlich-religiösen Weltbetrachtung untrennbar, ist also nichts eigenthümlich Christliches. Gleichwol wird er erst durch das christliche Heilsbewusstsein vollendet. Aber nicht in dem Sinne, als ob erst der Christ alles Geschehn auf die Zwecke des göttlichen Reiches zu beziehn vermöchte, — denn dies ist irgendwie auch schon im A. T. der Fall — sondern weil erst er den unendlichen Werth jeder einzelnen Menschenseele als einen Gegenstand speciellster göttlicher Fürsorge erkennt.

Gott und die menschliche Sünde.

Ebensowenig wie die göttliche Vorsehung wird die menschliche Sünde erst auf Grund der Offenbarung in Christo erkannt. Das Bewusstsein der Sünde kommt aus dem Gesetz, nicht aus dem Evangelium. Gleichwol kann erst im Lichte der göttlichen Heilsordnung die Erkenntnis erwachen, dass die Sünde nicht blos Verletzung der sittlichen Weltordnung Gottes, sondern auch Widerspruch gegen den göttlichen Heils- und Gnadenwillen ist. Aber keineswegs darf darum alle Sünde ausserhalb des Christenthums lediglich als Unwissenheitssünde beurtheilt werden. Soweit die Offenbarung Gottes in Vernunft und Gewissen sich erstreckt, soweit ist die Sünde überall, wo sie gethan wird, bewusste Verletzung des göttlichen Gesetzes durch des Menschen persönlich verantwortliches Thun. Schwieriger ist das Problem zu lösen, welches die kirchliche Erbsündenlehre uns aufgibt durch die Behauptung, dass die Sünde persönliche Schuld, also ein vermeidliches Thun, und gleichwol eine ererbte, also naturnothwendige Willensbestimmtheit sei. Die Streichung einer von beiden scheinbar widersprechenden Seiten heisst den Knoten zerhauen. Vielmehr ist in aller Sünde das Eine wie das Andre, nur in verschiedenem Grade gesetzt, und selbst die sorgfältigste empirische Beobachtung vermöchte im Einzelnen nicht auseinanderzuhalten, was in jedem sündigen Act oder Zustand ererbte Naturbestimmtheit, was persönliche Schuld sei. Der Grund liegt in dem ursprünglichen Uebergewicht des Fleisches über den Geist und in der Unmöglichkeit, irgend einen einzelnen Moment im menschlichen Geistesleben als den ersten Anfangspunkt freibewussten Geisteslebens zu bezeichnen. Dass die sittliche Entwickelung der Menschheit von vornherein nicht die normale sein kann, liegt empirisch begründet in der ungleichmässigen Veranlagung und Entwickelung der natürlichen Kräfte und Triebe. Innerhalb des menschlichen Gesamtlebens pflanzt daher die Sünde sich fort als Gemeinschaftssünde, welche auch auf das Wollen der Einzelnen vorausbestimmend einwirkt. Dennoch ist jede einzelne sündige That nicht schlechthin nothwendig, sondern irgendwie vermeidlich, und wirklich persönliche Schuld nur, soweit sie vermeidlich ist. Und wenn auch in der Gesamtentwickelung der Menschheit die Sünde als etwas Unvermeidliches mitgeht, so stellt sich doch die normale Entwickelungslinie nicht blos inmitten der Abweichungen nach rechts und links immer wieder her, sondern es lassen sich im Einzelnen unzählige Möglichkeiten von grösserer oder geringerer Annäherung an die normale Entwickelung denken, ja als vielleicht nur ein einziges Mal eingetretener Specialfall auch eine sündlose Entwickelung. Im Unterschiede von der empirischen Ansicht betrachtet die religiöse Teleologie die Sünde in allen ihren Erscheinungsformen als Verletzung des göttlichen Willens durch individuelle oder gemeinsame Schuld, also als vermeidlich (oder „contingent"); gleichwol aber lässt sie dieselbe in dem göttlichen Weltplan als wirklich werdenden Widerspruch des creatürlichen Wollens gegen den gebietenden Willen Gottes von vornherein aufgenommen sein, aber nur in Beziehung auf ihre Ueberwindung durch die erlösende Gnade. In der Ueberzeugung von der unbedingten Nothwendigkeit der Erlösung kommt zugleich das christliche Urtheil über die Sünde als einen die Menschheit beherrschenden Zustand der Gottentfremdung und als einen Widerspruch gegen den göttlichen Weltzweck zu seinem vollendeten Ausdruck.

Christi Person und Werk.

Auch in der Lehre von Person und Werk des Erlösers ist die empirische und die religiöse Betrachtung zu scheiden. Jene sieht in ihm den geschichtlichen Stifter der christlichen Religion und den persönlichen Träger und Quellpunkt des neuen, die christliche Gemeinde beseelenden religiösen Princips. Diese erkennt in ihm die persönliche Offenbarung des göttlichen Endwillens mit dem Einzelnen wie mit der Gemeinschaft, oder des göttlichen Heils- und Reichswillens. Für jene hat daher Jesus Christus nur historische, für diese hat er zugleich unmittelbar religiöse Bedeutung. Glaubensgegenstand ist zunächst immer nur das ewige Gut, welches Gott in und durch Christum den Gläubigen zu eigen gibt. Aber nicht eine ewige Idee oder Vernunftwahrheit wird in Person und Werk Jesu Christi veranschaulicht, sondern der ewige Liebesrath Gottes ist in Christo geschichtliche Liebesthat geworden. Die Offenbarung der versöhnenden und erlösenden Gnade in Christo ist nicht blos Verkündigung, sondern Thatoffenbarung. Sie schliesst für den christlichen Glauben nothwendig die in Christi Person und Werk thatsächlich vollzogene Versöhnung Gottes und des Menschen ein. Diese Versöhnung ist nicht blos Versöhnung der Menschen mit Gott, oder Befreiung des menschlichen Bewusstseins von dem aus Unwissenheit erwachsenen Mistrauen gegen Gott, sondern zuerst Versöhnung Gottes mit den Menschen, ein thatsächlich neues Verhältnis, in welches Gott zu den Menschen tritt und welches er für das Bewusstsein der Gläubigen offenbart. Dieses neue Verhältnis ist in Gottes Heilsordnung ewig gegründet, und das Ziel, worauf die göttliche Leitung der Menschengeschichte immer schon hinstrebte; aber es ist geschichtlich erst wirklich, wo innerhalb der Geschichte die Voraussetzungen dafür gegeben sind. Diese Voraussetzungen sind kraft des unzertrennlichen Zusammenhangs der sittlichen Weltordnung Gottes mit seiner Heilsordnung einerseits die thatsächliche Verwirklichung eines vollkommen gotteinigen Lebens (die vollkommene Gerechtigkeit), andrerseits die demüthige Unterwerfung unter den von Gott für das menschliche Gesamtleben geordneten Zusammenhang von Sünde und Uebel, und damit zugleich die Anerkennung der Gerechtigkeit des göttlichen Gerichts über die Sünde (die vollkommene Sühne). Beides setzt der christliche Glaube als in Christi Leben, Leiden und Sterben stellvertretend vollzogen, aber nicht im Sinne juristischer Substitution, sondern im Sinne eines Thuns und Leidens der neuen Menschheit in ihrem persönlichen Haupt. Als Haupt der neuen Menschheit ist Christus ihr Vertreter vor Gott: die Menschheit, soweit sie mittelst des Glaubens in Christi Gemeinschaft tritt, ist in ihm mit Gott versöhnt. Andrerseits als der, in welchem die Versöhnung Gottes und des Menschen thatsächlich vollzogen ist, ist Christus zugleich der Vertreter Gottes gegenüber den Menschen, der Träger der göttlichen Offenbarung an sie, welcher die göttliche Versöhnung als Thatsache verkündet, die durch ihn verwirklicht ist. Die kirchliche Ueberlieferung beschreibt diese Mittlertellung Christi zwischen Gott und den Menschen durch metaphysische Aussagen über die Einheit göttlicher und menschlicher Natur in Christi Person und über ein transcendentes Versöhnungswerk Christi in der Richtung auf Gott, durch welches Gott selbst von dem Conflicte zwischen seiner Gnade und seiner Gerechtigkeit erlöst worden sei. Nach beiden Seiten hin überschreiten diese Theorien die unserm menschlichen Erkennen gezogenen Grenzen, wobei es von nebensächlicher Bedeutung ist, dass die philosophischen Mittel, deren man sich bei Aufstellung dieser Theologumena bediente, theils der „heidnischen" d. h. der platonisch-eklektischen Speculation, theils mittelalterlichen Rechtsbegriffen entlehnt sind. Gleichviel, welche Mittel das

Denken hierbei anwenden möge: alle diese Theologumena — zu denen auch die Theorien von einer „Spannung" in Gott und von einem Kampfe Christi mit dem Teufel zu rechnen sind — sind lediglich als Bilder für die Glaubenslehre verwendbar und werden, wenn sie mehr sein wollen, nothwendig Mythologie.

Der christliche Glaube begnügt sich, von einem einzigartigen Sein Gottes in Christo zu reden, welches in Christi Person und Lebenswerke sich offenbart. Es ist schief ausgedrückt, wenn man sagt, dass alle dogmatischen Aussagen über Christi Person und Werk zu ihrem Wahrheitsgehalte nur das in Christo verkörperte Princip der Einheit Gottes und des Menschen haben. Denn es handelt sich bei ihnen in erster Linie um die Sicherstellung des Glaubens an die vollkommene Offenbarung Gottes in Christo, und erst in Abhängigkeit hiervon um die Verwirklichung der vollkommnen Religion oder des gotteinigen Lebens in ihm. Denn wenn auch nur eine wahrhaft gotteinige Person Gottes Wesen und Willen wahrhaft offenbaren kann, so ist doch für den christlichen Glauben die Offenbarung Gottes in Christo das Erste und Wichtigste. Diese Offenbarung ist nicht blos eine menschliche That, sondern vor Allem Offenbarung der göttlichen Liebe, Selbstbekundung des göttlichen Heils- und Reichswillens in der Person dessen, der als Erwählter der göttlichen Liebe den ewigen göttlichen Liebesrathschluss mit der Welt und der Menschheit thatsächlich vollzieht. Der Thatausdruck dieses persönlichen Liebesverhältnisses Gottes und Christi ist Christi persönliches Selbstbewusstsein und Lebenswerk, wie beides aus den geschichtlichen Berichten bis zu einem gewissen Grade schon für die empirisch-geschichtliche Betrachtung erhellt, vollständig aber freilich nur mit den Augen des Glaubens erkannt werden kann; also einerseits die Selbstaussage Christi von seinem Sohnesverhältnisse zum himmlischen Vater, in welchem zugleich sein Beruf, die Reichsgemeinde auf Erden zu begründen mitgesetzt ist; andrerseits sein bis zum Tode bewährter Liebesgehorsam gegen den Vater und Liebesdienst gegen die Menschen. In diesem seinen vollkommenen Liebesgehorsam und Liebesdienst ist Christus aber allerdings zugleich der Vertreter der Menschen vor Gott, die Person, in welcher die Menschheit für Gott ein Gegenstand des Wohlgefallens geworden ist und um derentwillen Gott darum auch mit dieser Menschheit ein neues, aber in seinem Liebesrathe ewig gewolltes Verhältnis eingehn kann. Die Vollendung dieses Liebeswerkes Christi ist sein Tod, der nicht blos im Bewusstsein einer unabwendbaren Nothwendigkeit demüthig und gottergeben von ihm erduldet, sondern zugleich als das gottgewollte Mittel zur Errettung der Jüngergemeinde von der Welt und von dem über die Welt verhängten Gerichte freiwillig übernommen ist.

Die einzelnen Thatsachen des geschichtlichen Lebens Jesu gehören als solche der Geschichte an. Ihre geschichtliche Wirklichkeit unterliegt der geschichtlichen Forschung. Aber der christliche Glaube erkennt in allen jenen uns berichteten Thatsachen, wie immer es mit ihrer Geschichtlichkeit stehe, eine höhere Wahrheit. In der übernatürlichen Geburt ist für den Glauben die Wahrheit ausgedrückt, dass Christi persönliche Erscheinung, unbeschadet ihrer natürlichen Vermittelung, in dem natürlichen menschlichen Gesamtleben nicht zureichend begründet ist, sondern ihren letzten Erklärungsgrund nur in der übergreifenden göttlichen Teleologie findet. In den Wundern Christi erkennt schon die empirische Forschung irgendwie die Macht der sittlich-religiösen Persönlichkeit Jesu über das seelisch-leibliche Leben sittlich und leiblich hilfsbedürftiger Menschen; der christliche Glaube sieht in ihnen zugleich die Legitimation der göttlichen Sendung Jesu und den Thaterweis erbarmender göttlicher Liebe durch die Hand seines Gesandten; eine Betrachtungsweise, welche im Uebrigen der geschichtlichen Forschung keine Schranken auferlegt, vielmehr ausdrücklich auf die Grenze wirklicher Heilsthaten und blosser Macht- und Schauwunder aufmerksam macht. Endlich in den Erscheinungen des Auferstandenen, welche die empirische Auffassung lediglich als Visionen begreift, erblickt der teleologische Glaube des Christen objectiv göttliche Offenbarungsacte, durch welche den Gläubigen nicht blos die Gewisheit des persönlichen Fortlebens Christi, sondern zugleich seiner Erhöhung zum Haupte und Herrn seiner Gemeinde vermittelt wird.

Die geschichtliche Betrachtung des Lebenswerks Christi stellt dieses unter den ethischen Gesichtspunkt der persönlichen Verwirklichung des allgemeinen Menschenberufs, welche inmitten einer sündigen Welt für ihn zu dem persönlichen Lebensberufe wird, die Gemeinde, in welcher das Reich Gottes unter den Menschen sich verwirklicht, zu begründen. Für diese Betrachtungsweise ist das Werk Christi die Verwirklichung des sittlich-religiösen Princips gotteinigen Lebens. Dieses neue in ihm verkörperte Lebensprincip erweist sich als die neue Lebensmacht in der Gemeinde der Gläubigen, oder als das Erlösungsprincip, welches die Macht der Sünde fortschreitend überwindet. Die Versöhnung kann auf diesem Standpunkte nur als die selbstverständliche Folge der Erlösung erscheinen. Aber der christliche Glaube kann hierbei nicht stehn bleiben. Als personificirtes menschliches Ideal hört Christus auf, Glaubensgegenstand zu sein; das folgerichtige Denken fordert dann nothwendig die Aufhebung der Identificirung von Person und Princip. Der Träger der vollkommenen Religion ist doch nicht diese selbst, gesetzt auch, sie würe in ihm zur urbildlich vollkommenen Erscheinung gekommen. Aber grade diese Urbildlichkeit, d. h. die Steigerung des Geschichtlichen zum Idealen, ist geschichtlich nicht erweislich; die Sündlosigkeit Christi bleibt auf diesem Standpunkte eine blosse Möglichkeit, und dennoch ist sie der letzte dünne Faden, welcher diese Betrachtungsweise mit dem christlichen Glauben zusammenhält. Dagegen ist sie für die teleologische Betrachtung einfach eingeschlossen in der Aussage des Glaubens, dass Christus die persönliche Offenbarung des göttlichen Liebewillens sei. Denn Gott kann vollkommen offenbar sein nur im religiös-sittlich vollkommenen, also zum reinen Organ seiner Offenbarung schlechthin geeigneten Menschen. Diese persönliche Heiligkeit Christi, deren Möglichkeit die empirische Betrachtung stehn lassen muss, ist für die teleologische Betrachtung des Glaubens der Höhepunkt aller auf die Verwirklichung des Heilslebens abzweckenden Führungen Gottes mit der Menschheit, das Hervortreten der neuen Menschheit Gottes in ihrem persönlichen Haupte, als solches aber das religiöse Wunder im specifischen Sinne. Gott selbst ist es hiernach, der in Christo die Welt mit sich versöhnt, indem er einen neuen gotteinigen Menschen schafft, in dessen Person die Menschheit in dem ihrem sittlichen Endzwecke entsprechenden Stande gottgemässer Vollkommenheit oder als mit Gott versöhnte Menschheit sich darstellt. Mit der Versöhnung Gottes und der Menschen in Christo ist aber zugleich auch ihre Erlösung gesetzt, die Begründung eines neuen sittlich-religiösen Gesamtlebens, in welchem die Macht der Welt und der Sünde fortschreitend überwunden, der überweltliche sittliche Endzweck Gottes mit den Menschen, die Gotteskindschaft und das Gottesreich, fortschreitend verwirklicht wird. Als persönliche Offenbarung Gottes ist Christus zugleich der Stifter der Reichsgemeinde, welche mit der in ihm vollzogenen Versöhnung zugleich auch ihrer Erlösung von der Welt und der Sünde gewis ist, also an ihn als den geschichtlichen Versöhner und Erlöser glaubt.

Die Zueignung des in Christo offenbarten Heils (Werk des h. Geistes).

Die individuelle und gemeinsame Zueignung des in Christo offenbarten Heils vollzieht sich für die empirisch-geschichtliche Betrachtung als ein psychologisch-sittlicher Process, für die religiös-teleologische als ein fortschreitendes Wirken der zueignenden Gnade. Das Verhältnis von Gnade und Freiheit entzieht sich wieder jedem Versuche des causalen Erkennens: die Zueignung des Heils oder die Bekehrung ist ein Vorgang, welcher einerseits in allen seinen Momenten menschlich vermittelt, andrerseits in allen seinen Momenten göttlich begründet ist. Jedes Halbiren zwischen göttlicher und menschlicher Thätigkeit bedroht ebensosehr die sittliche Freiheit, wie sie der alles Heil allein wirkenden göttlichen Gnade etwas abbricht. Die Lösung des Problems bleibt für die Wissenschaft unmöglich; der Glaube verehrt auch hier ein Mysterium. Die empirisch-causale Betrachtung beschreibt den Heilsprocess als eine Reihe in sich zusammenhängender menschlicher Thätigkeiten und Bewusstseinsacte auf Grund des Glaubens an die Heilsoffenbarung in Christus:

dieselben erscheinen als ein festgeordneter, in einer ewigen Ordnung begründeter Verlauf innerer Vorgänge, als eine innere Geschichte des Menschengemüths, die sich auf Grund des Glaubens an die äussere Geschichte — an das persönliche Lebensbild und Lebenswerk Christi — wiederholt. Die Hauptmomente dieser inneren Geschichte sind Busse (Demuth) und Glaube. Die religiös-teleologische Betrachtung beschreibt denselben Process als eine Selbstbeurkundung des göttlichen Geistes im Menschengeist, als ein inneres sich Erschliessen und sich Mittheilen dieses Gottesgeistes als göttliche Trostquelle, welche uns unsrer Versöhnung versichert, als göttliche Kraftquelle, welche unsre Erlösung bewirkt. Für die empirisch-geschichtliche Betrachtung bezieht sich das Lebenswerk Christi auf die Gründung der Jüngergemeinde, in deren Mitte das Reich Gottes auf Erden wirklich wird. Für die Betrachtung des Glaubens handelt es sich aber in erster Linie um die persönliche Heilsgewisheit des Individuums. Im Unterschiede von der alttestamentlichen Reichsidee gründet sich die Reichs-Gemeinde, welche Christus gestiftet hat, auf die persönliche Gotteskindschaft der Reichsgenossen. Erstes und nächstes Anliegen jedes einzelnen Gläubigen ist die Versicherung seines persönlichen **Gnadenstandes**, in welchem ihm seine persönliche Zugehörigkeit zum Gottesreiche eingeschlossen ist.

Rechtfertigung und Wiedergeburt.

Der Gnadenstand hat zwei Stücke, **Rechtfertigung** und **Wiedergeburt**. Erstere ist die religiöse, letztere die ethische Seite eines und desselben untrennbaren geistigen Vorgangs; jene ist die subjective Zueignung der Versöhnung, diese die subjective Zueignung der Erlösung. Die empirisch-psychologische Betrachtung zeigt im sittlich-religiösen Processe des Menschen die Stelle auf, an welcher die subjective Gewisheit des persönlichen Gerechtfertigtseins entsteht. Die religiöse Betrachtung fasst die Rechtfertigung als einen göttlichen Act, welcher dem Gläubigen die Vergebung seiner Sünden zueignet. Die erstere Betrachtungsweise wird immer unsicher bleiben, ob das subjective Rechtfertigungsbewusstsein nicht vielleicht Einbildung sei; sie fragt nach den Kriterien seiner Wahrheit und kann dieselben nur entweder in der bereits begonnenen sittlichen Erneuerung finden, oder in der Zugehörigkeit des Einzelnen zur Gemeinde als der Inhaberin der Rechtfertigung und Versöhnung. In beiden Fällen wird die persönliche Heilsgewisheit unsicher gemacht; in jenem, weil auch unser neues Leben immer noch mit Sünde behaftet bleibt, in diesem, weil wir angewiesen werden, unser Vertrauen auf menschliches Zeugnis zu setzen. Umgekehrt die religiöse Betrachtungsweise wird transcendent, wenn sie die Rechtfertigung analog der älteren dogmatischen Auffassung der Versöhnung als einen innergöttlichen Act fasst, der gleichwol erst in der Zeit zu Stande gekommen sein soll; und sie verwickelt vollends in unlösbare Schwierigkeiten, wenn sie weiter die Frage zu beantworten sucht, unter welchen Bedingungen Gott in den Stand gesetzt werden könne, den Sünder trotz seiner Schuld für gerecht zu erklären. Der göttliche Act der Rechtfertigung oder der Sündenvergebung ist die Willenskundgebung Gottes, dass der reuige und gläubige Sünder trotz seiner Schuld von Gottes Vaterherzen nicht getrennt, oder von der kindlichen Gemeinschaft mit Gott nicht ausgeschlossen sein soll. Dieser Act fällt aber immer mit der Erweckung des Bewusstseins der Sündenvergebung in der Seele des Gläubigen zusammen. Rechtfertigungsact und Rechtfertigungsbewusstsein sind nur die zwei untrennbaren Seiten eines einheitlichen Vorgangs, der göttlichen Versicherung der Rechtfertigung durch den heiligen Geist in der Seele des Gläubigen. In diesem göttlichen Gnadentroste der Sündenvergebung und Annahme zur Kindschaft bei Gott hat der Gnadenstand seinen objectiven Grund. Seine subjective Bedingung ist allein der Glaube, welcher die geschichtliche Offenbarung von der Versöhnung in Christo persönlich auf sich zieht: derselbe kommt nicht als ethische Qualität des menschlichen Subjects, um derentwillen es gerechtfertigt würde, sondern lediglich als die subjective Form in Betracht, in welcher die objectiv geschichtliche Gnadenbotschaft persönlich angeeignet wird. Sobald dieser Glaube unsicher wird, bleibt dem Menschen nur übrig, der objectiven Gnadenbotschaft, welche im Evangelium oder in der geschichtlichen Offenbarung in Christo auch an ihn herantritt, immer aufs Neue im gläubigen Vertrauen sich zuzuwenden, bis die verlorene Heilsgewisheit aufs Neue erwacht.

Die Wiedergeburt als principielle ethische Erneuerung des Menschen ist zwar nicht die zeitliche, aber die logische Folge der Rechtfertigung. Die empirisch-psychologische Betrachtung zeigt, dass ohne bereits begonnene Sinnesänderung auch derjenige Glaube noch gar nicht vorhanden sei, welcher im Stande sei, die Rechtfertigungsgnade wirklich zu ergreifen; und sie zeigt weiter, dass ein Glaube, welcher keine Früchte des neuen Lebens bringt, ein todter oder unächter Glaube sei. Gleichwol behält die teleologische Betrachtung Recht, wenn sie die Wiedergeburt lediglich als Frucht der Rechtfertigung betrachten will, oder als eine innere Wirkung desselben Gottesgeistes im Menschen, welcher ihm zuvor die Gewisheit seiner Gotteskindschaft vermittelt hat. Denn um den Willen des himmlischen Vaters furchtlos und freudig erfüllen zu können, muss der Gläubige erst des Trostes der göttlichen Sündenvergebung theilhaftig und seines Kindesstandes beim Vater versichert sein. Die rechte Lust an Gottes Geboten — die sich auf christlichem Standpunkt im Gebote der Liebe zusammenfassen — beseelt nur das Gotteskind, welches in der Liebesgemeinschaft mit seinem Vater auch den Liebewillen des Vaters in der Welt auszurichten sich gedrungen fühlt. Um diesen Zusammenhang einzusehn, bedarf es keiner theologischen Meisterschaft. Die neue Lust an der Erfüllung des göttlichen Willens ist psychologisch durch das Bewusstsein der Rechtfertigung vermittelt; für die teleologische Betrachtung erweist sie sich als eine Gotteskraft im Menschengemüth, welche uns über unsre endliche Naturbestimmtheit und unsre sündige Willensbestimmtheit in der Welt hinaushebt und uns zur religiösen Freiheit befähigt. Aber diese Gotteskraft erschliesst sich nur in dem, welcher zuvor des Gottestrostes der Rechtfertigung theilhaftig geworden ist: das Zeugnis des heiligen Geistes und das Getriebenwerden vom heiligen Geiste gehören zusammen wie Grund und Folge.

Die Liebesgemeinschaft des Gläubigen mit dem himmlischen Vater ist für die empirische Betrachtung in der Willensübereinstimmung mit Gott erschöpft. Für die teleologische Betrachtung ist sie ein Ausgegossensein der Liebe Gottes mit all ihrem Wohlgefühl und ihrer Seligkeit im Menschengemüth, ein wirkliches Einwohnen Gottes mit seinem Geiste in uns (unio mystica). Bewahrt werden kann die Liebesgemeinschaft mit Gott nur im steten Gebetsverkehr mit ihm, in der stets erneuten Demüthigung des endlichen und trotz des Gnadenstandes immer noch sündigen Menschen vor Gottes heiligem Gesetz, und in dem stetig wachsenden Vertrauen auf die Vaterliebe Gottes und seine väterlichen Führungen. Bethätigt wird diese Liebesgemeinschaft mit Gott in der Welt einerseits durch Liebe zu den Brüdern, die mit uns in demselben Kindschaftsverhältnisse zum Vater stehn, andrerseits durch Auffassung unsres Berufs in der Welt als eines Gottesdienstes, in beider Hinsicht aber durch Mitarbeit an der Förderung des Reiches Gottes auf Erden.

Die christliche Kirche und die Gnadenmittel.

Die Gemeinschaft der Gläubigen unter einander ist die christliche Gemeinde, als organisirte Gemeinde die **christliche Kirche**. Ihrem empirisch-geschichtlichen Begriffe nach die christliche Religionsgesellschaft, oder die Gemeinschaft aller derer, welche den christlichen Glauben bekennen, steht sie neben andern, bestimmten sittlichen Zwecken dienenden Gemeinschaftskreisen in der Welt, und grenzt gegen dieselben durch ihre eigenthümlichen Rechtsordnungen und Institutionen sich ab. Als organisirte Gemeinde ist sie immer „sichtbare Kirche". Für die religiös-teleologische Betrachtung dagegen ist die Kirche die „Gemeinschaft der Heiligen" und als solche Glaubensgegenstand. Das ist sie aber nicht in dem Sinne einer äusseren Gemeinschaft von lauter Wiedergeborenen (donatistischer Kirchenbegriff), ebensowenig in dem Sinne einer unsichtbaren Gesamtheit aller „Erwählten", sondern in dem Sinne, dass überall, wo das Evangelium gepredigt wird, der heilige Geist christliches Glaubensleben weckt, und die Gemeinde der Gläubigen zu einem heiligen Volke, in welchem Gott wohnet, versammelt. Gottes Wort kann nicht ohne Gottes Volk sein; wo also das Evangelium recht gepredigt und die Sacramente richtig verwaltet werden, da merkt der Glaube an dem Vorhandensein der äussern Zeichen auch das unsichtbare Walten des Geistes Gottes. Die geordnete Darbietung des Worts im weiteren Sinn ist die einzige Ordnung in der Kirche, welche göttlichen Rechtes ist. Alle andern Ordnungen sind menschlichen Rechts und haben mit dem christlichen Glauben nichts zu thun. Die Identificirung des juridisch-politischen Begriffs der Kirche, als äusserer hierarchisch verfasster Institution, mit der Kirche im religiösen Sinne des Worts ist der Grundirrthum des römischen Katholicismus. Göttliche Institution kann die Kirche immer nur in dem Sinne heissen, als dieselbe sich dem christlichen Glauben als diejenige Gemeinschaft darstellt, in welcher Gottes Geist durch Gottes Wort wirksam sein will, das christliche Heilsleben immer auf's Neue zu erzeugen und zu pflegen. Sofern das Glaubensleben des Einzelnen in der Kirche und unter ihrem erziehenden Einflusse heranreift, ist die Kirche „die Mutter der Gläubigen". Aber das ist sie nur in dem Sinne, dass sich der die christliche Gemeinschaft beseelende Gemeingeist in ihren Gliedern immer aufs Neue erzeugt und dadurch die Einzelnen zur persönlichen Theilnahme an ihren Gütern, d. h. zu persönlichem Glaubensleben führt. Nur wer unter ihrem erziehenden Einflusse zur persönlichen Lebensgemeinschaft mit Christo und durch Christum mit dem Vater gekommen ist, ist ein lebendiges Glied der Gemeinschaft der Gläubigen und vermag auch an seinem Theil wieder das gemeinsame Glaubensleben zu fördern. Darum bleibt es für die mündigen Christen bei dem Schleiermacher'schen Wort, dass nach evangelischem Glauben die Gemeinschaft der Gläubigen mit der Kirche durch ihre Gemeinschaft mit Christo vermittelt ist, nicht ihre Gemeinschaft mit Christo durch die Gemeinschaft mit der Kirche.

Die geordnete Darbietung des Evangeliums erfolgt durch das Wort im weitesten Sinne: zunächst durch das gepredigte

Wort, welches seine Quelle und Norm an dem geschriebenen Worte hat, d. h. an der urkundlichen Bezeugung der Heilsoffenbarung Gottes in der heiligen Schrift; zum Andern aber auch durch die Verwaltung der Sacramente als des verbum visibile. Die empirisch-historische Betrachtung sieht in der Darbietung von Wort und Sacrament Handlungen der kirchlichen Gemeinschaft, durch welche der christliche Gemeingeist sich immer von Neuem wiedererzeugt. Als solche kirchliche Handlungen sind sie Zeichen und Zeugnisse des die Kirche beseelenden Glaubens. Die religiös-teleologische Betrachtung erblickt in ihnen einerseits Zeichen und Unterpfänder der göttlichen Gnade, welche bestimmt sind, den Glauben zu wecken, andrerseits die specifischen Mittel, deren sich der heilige Geist bedient, um unter Bedingung des Glaubens wahrzumachen, was die Zeichen bedeuten. Die Sacramente wirken keine andre Gnade als das Wort; wohl aber unterscheiden sich Taufe und Abendmahl als die Sacramente der Bekehrung und des Gnadenstandes, oder als das Sacrament der Zuführung zu den christlichen Heilsgütern, und das Sacrament der persönlichen Vergewisserung ihres Besitzes in der Lebensgemeinschaft mit Christus.

Durch die Verwaltung von Wort und Sacrament erfüllt die Kirche ihre wesentliche Aufgabe als Cultusgemeinschaft, deren Aufgabe ist, durch darstellendes Handeln das Glaubensleben ihrer Glieder zu wecken und zu pflegen. Das ausbreitende und bildende Handeln der Kirche in der innern und äussern Mission sowie in der kirchlichen Disciplin ist immer nur ein Ausfluss ihrer nächsten Aufgabe, den christlichen Glauben im Gesamtleben zu erhalten und fortzupflanzen. Vermöge dieser ihrer eigenthümlichen Aufgabe ist die Kirche die Sammlungsanstalt fürs Gottesreich.

Das Reich Gottes.

Das Reich Gottes ist in erster Linie eine göttliche Gabe, und erst abgeleiteter Weise eine menschliche Aufgabe. Dasselbe ist also kein empirischer, sondern ein rein religiöser Begriff. Das den Reichsgenossen eigenthümliche Gut ist die Kindschaft bei Gott, wie sie durch die Rechtfertigung und Wiedergeburt vermittelt wird. Durch die persönliche Gewisheit der Gotteskindschaft ist die Zugehörigkeit zum Gottesreiche vermittelt, nicht umgekehrt die Gewisheit der Gotteskindschaft durch die Zugehörigkeit zum Gottesreich. Die Zugehörigkeit zur Gemeinde und das Heranwachsen unter ihrem Einflusse ist noch nicht Zugehörigkeit zum Gottesreich. Unter dem Gottesreiche im Unterschiede von der Kirche ist zunächst die universelle Gemeinschaft der Kinder Gottes zu verstehen, welche auf Grund der ihnen zugeeigneten Versöhnung und Erlösung in den Stand gesetzt sind, Gottes Willen zu thun, oder die unter der Königsherrschaft Gottes verbundene, von Gottes Geiste regierte Gesamtheit der Frommen. Dieses Gottesreich ist also immer Glaubensgegenstand, keine empirisch wahrnehmbare Realität. Wie aber die christliche Kirche ihre äussern Merkzeichen hat, so hat auch das Gottesreich seine äusserlich wahrnehmbaren Merkmale an der fortschreitenden sittlichen Organisation des menschlichen Gesamtlebens unter dem leitendem Gesichtspunkte der Liebe zu Gott und den Brüdern. Was für die sittliche Betrachtung als Reich der sittlichen Zwecke, oder als allumfassendes Ganze relativ selbständiger aber auf den höchsten Zweck der Freiheit über die Welt bezogener sittlicher Gemeinschaftskreise sich darstellt, das tritt für die religiöse Betrachtung in das Licht eines Reiches göttlicher Zwecke mit der Menschheit, zu dessen Förderung ein Jeder in seinem Beruf und nach seinen Gaben mitwirken soll. In diesem Reiche gewinnen alle sittlichen Ordnungen und Gemeinschaftskreise der Menschen mit den in ihnen erzeugten sittlichen Gütern die Bedeutung gottgewollter Ordnungen zum Zwecke der Verwirklichung des höchsten universellen Gutes, der von Gottes Geiste beseelten Gemeinschaft der Gotteskinder.

Individuelle und gemeinsame Lebensvollendung.

Im Reiche Gottes erkennt der christliche Glaube die Verwirklichung ebensowol des individuellen als des gemeinsamen Lebenszwecks, wie beide im göttlichen Heilswillen begründet sind. Diese Verwirklichung ist unter den dermaligen Naturbedingungen aber stets eine im Werden begriffene, daher der Glaube über jede in der Erfahrung gegebene Wirklichkeit hinaus das Ideal einer **ewigen Vollendung** sowol des individuellen als des gemeinsamen Lebens entwirft. Von den Bedingungen, unter denen eine solche Vollendung erfolgen kann, ist uns jede Anschauung, also auch jede mögliche Erkenntnis versagt. Die **individuelle Fortdauer** über den Tod dieses Leibes hinaus ist mit wissenschaftlichen Gründen ebensowenig zu beweisen wie zu widerlegen. Die empirisch-causale Betrachtung kann auf diesem Gebiete nur zu einem non liquet führen. Dagegen findet die teleologische Betrachtung die Wurzeln des Unsterblichkeitsglaubens in derselben Selbstbehauptung des persönlichen Ich gegenüber der äusseren Naturgewalt, aus welcher sowol die sittliche als die religiöse Weltanschauung entspringen. Das persönliche Ich behauptet sich im Wechsel seiner Zustände und Thätigkeiten, durch welche es in den räumlich-zeitlichen Naturlauf verflochten ist, als beharrliche, in seinem intelligiblen Charakter über die räumlich-zeitlichen Daseinsschranken erhabene Einheit. Diese Erhebung über die zeiträumliche Schranke vollzieht sich in dem Maasse, als das Ich wirklich zur persönlichen Freiheit über die Welt gelangt. Hierin ist der unendliche Werth der sittlichen Persönlichkeit und zugleich ihr Anspruch gesetzt, trotz der Todeserfahrung zu leben. Für die christlich-religiöse Betrachtung aber liegt in der durch Christum vermittelten Gemeinschaft mit Gott das höchste, in sich selbst schlechthin werthvolle und eben darum ewige Gut, dessen der Gläubige lebend und sterbend gewis ist: eine Gewisheit, der gegenüber der Gedanke einer Zerstörung des im Ewigen festgewurzelten persönlichen Lebens durch das äussere Schicksal, welches den Menschen als Naturwesen trifft, ein Widersinn ist. Können wir daher auch von den Existenzbedingungen eines künftigen Lebens nichts wissen, so sind wir als Christen dennoch dessen gewis, dass dieses Leben eine definitive Befestigung im Gnadenstand nach dem persönlichen Vorbilde Christi und in der Kraft des Geistes Christi sein wird, wie sich sonst auch immer der Inhalt dieses Lebens, und die Art der auch in ihm nothwendig enthaltenen Selbstbethätigung gestalten möge. Mit der persönlichen Fortdauer ist zugleich die Gewisheit einer künftigen **Vollendung des Gottesreiches** gegeben. Dieselbe wird vom Glauben aufgefasst als die vollkommene Gemeinschaft der im Gnadenstande befestigten Gotteskinder mit Gott und durch Gott unter einander in vollendeter Liebe. Gegenüber allen doch unbeantwortbaren Fragen nach den äusseren Existenzbedingungen dieser Reichsvollendung bleibt aber dieselbe bescheidene Zurückhaltung geboten, wie gegenüber der Frage nach der Beschaffenheit des individuellen Vollendungslebens. Nur das Eine ist dem christlichen Glauben gewis, dass in dem vollendeten Gottesreiche die dermaligen Schranken des Naturlebens niedergerissen sein werden und in einer verklärten Welt eine verklärte Menschheit ihre Stätte finden wird, welche frei von Sünde und Schuld im unzerstörbaren Besitze des Ewigen und in der allen Zeitenwechsel überdauernden Bethätigung dieses Besitzes lebt.